Felix Goldbach

PRINCE 2® im Projektmanagement der Systementwicklun

Felix Goldbach

PRINCE 2® im Projektmanagement der Systementwicklung

GRIN Verlag

Bibliografische Information der Deutschen Nationalbibliothek: Die Deutsche Bibliothek
verzeichnet diese Publikation in der Deutschen Nationalbibliografie; detaillierte bibliografische Daten sind im Internet über http://dnb.d-nb.de/ abrufbar.

1. Auflage 2011
Copyright © 2011 GRIN Verlag
http://www.grin.com/
Druck und Bindung: Books on Demand GmbH, Norderstedt Germany
ISBN 978-3-640-90506-5

Modellierung und Systementwicklung

Wintersemester 2010/2011

Hausarbeit zum Thema:

PRINCE 2 im Projektmanagement der Systementwicklung

Abgabedatum: 18. März 2011

Georg-August-Universität
Göttingen

Wirtschaftswissenschaftliche Fakultät
Institut für Wirtschaftsinformatik
Professur für Anwendungssysteme und E-Business
Prof. Dr. Matthias Schumann

Literaturverzeichnis

Georg-August-Universität
Göttingen

Wirtschaftswissenschaftliche Fakultät
Institut für Wirtschaftsinformatik
Professur für Anwendungssysteme und E-Business
Prof. Dr. Matthias Schumann

Abbildungsverzeichnis

Tabellenverzeichnis

Abkürzungsverzeichnis

CMM	Capabilty Maturity Model
ICB	IPMA Competence Baseline
IKT	Informations- und Kommunikationstechnologie
IPMA	International Project Management Association
ISO	International Organization for Standardization
IT	Informationstechnik
OGC	Office of Government Commerce
PID	Project Initiation Documents
PMBOK	Project Management Body of Knowledge
PMI	Project Management Institute
PRINCE	Projects in Controlled Environments

Georg-August-Universität
Göttingen

Wirtschaftswissenschaftliche Fakultät
Institut für Wirtschaftsinformatik
Professur für Anwendungssysteme und E-Business
Prof. Dr. Matthias Schumann

1 Einleitung

Der heutige Markt für Güter und Dienstleistungen wird durch steigende und sich ständig ändernde Nachfragen geprägt, wobei der technische Wandel eine treibende Kraft darstellt. Dadurch besteht im Zuge der Wahrung der Wettbewerbsfähigkeit in Unternehmen der Zwang, neben herkömmlichen Routineaufgaben, die aus der Leistungserstellung und -vermarktung bestehen, weitere innovative Aufgaben zu bewältigen. Diese können als Sonderaufgaben in vorhandene Organisationsstrukturen eingebettet werden und in Linienorganisation oder in Form von Projekten mit geeigneten Projektmanagementmethoden, welche die besonderen Anforderungen an Organisation, Planung, Überwachung und Steuerung erfüllen, durchgeführt werden. In mittleren und großen Unternehmen wird Projektarbeit verstärkt zur Reduktion von Investitionsrisiken in Informations- und Kommunikationstechnologie (IKT) eingesetzt sowie zur der Förderung bereichsübergreifender Kooperation (vgl. Litke 2007, S. 17). IT-Projekte spielen im Zuge des technischen Wandels eine zentrale Rolle, jedoch ist die Führung dieser Projekte häufig unzureichend, wie sich dem folgenden Diagramm entnehmen lässt.

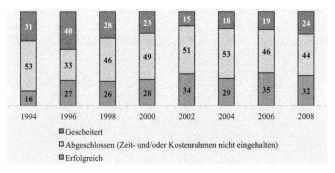

Abbildung 1: Standish Group – Chaos Survey[1]

Die Erhebung zeigt, dass nur ein geringer Anteil von IT-Projekten erfolgreich abgeschlossen wird. Beispielsweise wurden im Jahr 2008 nur rund ein Drittel aller Projekte unter Berücksichtigung der Restriktionen wie Zeit, Kosten und Kundenerwartungen abgeschlossen. Es konnten ca. die Hälfte der Projekte die vorab bestimmten Anforderungen nicht erfüllen und ca. 25% der Projekte scheiterten bevor es zur Umsetzung kam. Darüber hinaus lässt sich aus

---

[1] Nach: Standish Group 2008.

Georg-August-Universität
Göttingen

Wirtschaftswissenschaftliche Fakultät
Institut für Wirtschaftsinformatik
Professur für Anwendungssysteme und E-Business
Prof. Dr. Matthias Schumann

der Grafik erkennen, dass auch die zunehmende Erfahrung im zeitlichen Verlauf nicht zwingend zu einer verbesserten Projektkoordination führt (vgl. Abbildung 1).

Projekterfolg bedeutet, dass ein bestimmtes Ziel unter Berücksichtigung der vorgegebenen Rahmenbedingungen wie Budget, Qualität und Zeit, erreicht wird. Der Grund des Scheiterns von IT-Projekten kann oftmals auf unzureichende Projektführung, insbesondere mangelhafte Planung und das Fehlen von eindeutigen Zielsetzungen zurückgeführt werden. In vielen Industriebereichen ist das Projektmanagement bereits seit Jahrzehnten etabliert, wohingegen in der Informationsverarbeitung vor allem kleinere Projekte ohne diese Managementmethode durchgeführt werden (vgl. Jenny 1997, S. 1).

Ein mögliches Projektmanagement-Framework ist PRINCE 2, welches Gegenstand der vorliegenden Arbeit ist. Die Darstellung des Rahmenwerks und dessen Analyse sind die Ziele dieser Arbeit. Dabei wird zunächst in Kapitel 2 die Definition eines Projekts und des Projektmanagements präsentiert, wie auch grundlegende Zusammenhänge über die vorliegende Thematik näher beschrieben. Nachfolgend stellt das Kapitel 3 den Lösungsansatz von PRINCE 2 vor, indem dessen Struktur und einzelne Elemente spezifiziert werden. Der vierte Abschnitt beinhaltet die Analyse von PRINCE 2, wobei in 4.1 konkret der Einsatz in der Systementwicklung betrachtet wird und in 4.2 darüber hinaus die Vor- und Nachteile des Ansatzes mit Zuhilfenahme konkurrierender Projektmanagement-Lösungen dargestellt werden. Abschließend werden im fünften Abschnitt die Ergebnisse der Arbeit zusammengefasst und ein Ausblick gegeben.

2 Projekt und Projektmanagement

Projekte besitzen spezielle Eigenschaften, welche in diesem Teil näher erläutert sind. Zuvor jedoch erfolgt die Auflistung zweier allgemeiner Definitionen des Begriffs „Projekt". Nach Schröder (1970, S. 17) kann als Projekt „jede Aufgabe bezeichnet werden, die einen definierbaren Anfang und ein definierbares Ende besitzt, die den Einsatz mehrerer Produktionsfaktoren für jeden der einzelnen, miteinander verbundenen und wechselseitig voneinander abhängigen Teilvorgänge erfordert, die ausgeführt werden müssen, um das dieser Aufgabe vorgegebene Ziel zu erreichen". Eine weitere gängige, häufig in der Fachliteratur zitierte Definition ist nach DIN 69 901: Ein Projekt ist „ein Vorhaben, das im wesentlichen durch eine Einmaligkeit der Bedingungen in ihrer Gesamtheit gekennzeichnet ist." (Litke 2007, S. 19; Krienke 2009, S. 3). Zu diesen Bedingungen zählen unter anderem das vorgegebene Ziel, die zeitli-

 Georg-August-Universität
Göttingen

Wirtschaftswissenschaftliche Fakultät
Institut für Wirtschaftsinformatik
Professur für Anwendungssysteme und E-Business
Prof. Dr. Matthias Schumann

chen, finanziellen und personellen Bedingungen, die Abgrenzung gegenüber anderen Vorhaben und die projektspezifische Organisation (vgl. Litke 2007, S. 19; Krienke 2009, S. 3). Ferner sind Projekte nach ihrem Zweck in technische, betriebswirtschaftliche und IT-Projekte zu unterteilen (vgl. Fittkau, Ruf 2008, S. 1).

Aus den genannten Definitionen lassen sich einige der elementaren Eigenschaften ableiten, darüber hinaus sind weitere Eigenschaften der Fachliteratur zu entnehmen. Projekte besitzen stets einen innovativen Charakter und bewegen sich häufig an der Grenze des technologisch machbaren. Aufgrund dieses innovativen Charakters sind Projekte in der Regel mit einem starken Risiko behaftet, sowohl aus technischer und wirtschaftlicher als auch terminlicher Sicht. Projekte besitzen eine oft hohe Komplexität, welche aus der Interdisziplinarität der Beteiligten, aus unterschiedlichen Fachbereichen innerhalb eines Unternehmens und über Unternehmensgrenzen hinweg, resultiert. Darüber hinaus stellen sich Projekte im Laufe der Abwicklung verändernden Anforderungen, welche eine dynamische Organisationsstruktur benötigen. Projekte sind zeitlich begrenzt und innerhalb der Unternehmen wird ihnen zumeist eine große Bedeutung beigemessen diesem einen Wettbewerbsvorteil zu verschaffen. Aufgrund der signifikanten Unterschiede zu Aufgaben des operativen Tagesgeschäfts erfordern Projekte besondere Praktiken (vgl. Litke 2007, S. 19).

IT-Projekte besitzen die definierten Projekteigenschaften, grenzen sich jedoch von herkömmlichen Projekten vor allem durch ihr hohes Risiko ab. Dies ist beispielsweise darin begründet, dass mit herkömmlichen arbeitswissenschaftlichen Methoden keine Vorhersagen über die Leistungsfähigkeit getroffen werden können und das Verhalten nicht mit mathematischen Funktionen bestimmt werden kann (vgl. Fittkau, Ruf 2008, S. 5). Zentrale Aufgabe bei IT-Projekten ist die Entwicklung von Software (im Rahmen des Einsatzes, der Anpassung sowie der Neuentwicklung). Hierbei stellt die Auswahl und Nutzung der Hardware eine Grundvoraussetzung für das Projekt dar, an dem vorwiegend Spezialisten aus der IT-Abteilung arbeiten. Das Ergebnis eines solchen Projekts ist ein Anwendungssystem, welches der Unterstützung von Geschäftsprozessen dient (vgl. Fittkau, Ruf 2008, S. 8).

Eine grundlegende Herausforderung bei dem Management von IT-Projekten ist es, den Zielkonflikt zwischen den Größen Leistung, Funktionalität, Qualität, Projektdauer (Zeit) und Projektressourcen (Einsatzmittel wie Budget, Personal, Betriebsmittel) zu handhaben.

3

Georg-August-Universität
Göttingen

Wirtschaftswissenschaftliche Fakultät
Institut für Wirtschaftsinformatik
Professur für Anwendungssysteme und E-Business
Prof. Dr. Matthias Schumann

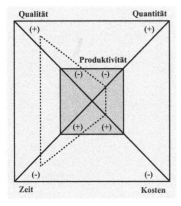

Wie der Abbildung 2 zu entnehmen ist, stehen diese Größen in einem wechselseitigen Abhängigkeitsverhältnis. Zur Veranschaulichung: Es ist beispielsweise nicht möglich, ein Projekt in einer geringeren Dauer unter gleichen Qualitätsmerkmalen zu verrichten, ohne den Einsatz von Projektressourcen (Budget, Personal) zu erhöhen und somit die Kosten des Projekts zu steigern. Diese Interpendenz muss im Projektmanagement von IT-Projekten Berücksichtigung finden.

Abbildung 2: Teufelsquadrat[2]

Die Definition nach DIN-Norm 69 901 beschreibt **Projektmanagement** als „Gesamtheit von Führungsaufgaben, -organisationen, -techniken, und -mittel für Abwicklung aller sowie einzelner Projekte." (Kessler, Winkelhofer 1997, S. 10). Die Motivation für den Einsatz von Projektmanagement besteht in der Erleichterung der Führungsaufgabe zur Bewältigung von Projekten, dem Veranschaulichen von Entwicklungen, dem rechtzeitigen Erkennen von Problemen und dem dadurch ermöglichten frühzeitigen steuernden Eingriff.

Im Allgemeinen beschreibt Projektmanagement ein Führungskonzept zur Steuerung temporärer, interdisziplinärer Aufgaben mit hohem Innovationsgehalt und Komplexitätsgrad, sprich Projekten (vgl. Litke 2007, S. 18). Im Zuge der Neu- oder Umgestaltung vielschichtiger Systeme werden komplizierte Abläufe und das Zusammenwirken vieler Aufgaben in der Entwicklung und Realisierung benötigt. Die Komplexität eines Projekts bestimmt die Anforderungen an die Organisation, Planung, Überwachung und Steuerung und wird hauptsächlich durch die Heterogenität der zugrundeliegenden Objekte und die Anzahl der beteiligten Personen aus unterschiedlichen Fachrichtungen oder Unternehmen bedingt. Die fundamentalen Ziele des Projektmanagement bestehen in der Einhaltung von Vereinbarungen und der Sicherstellung, dass die Systemziele (geforderte Leistung des Systems) und die zu erbringenden Projektziele im Rahmen der personellen, technischen, zeitlichen und finanziellen Rahmenbe-

---

[2] Nach: Balzert 2009, S. 516.

Georg-August-Universität
Göttingen

Wirtschaftswissenschaftliche Fakultät
Institut für Wirtschaftsinformatik
Professur für Anwendungssysteme und E-Business
Prof. Dr. Matthias Schumann

dingungen liegen (vgl. Litke 2007, S. 25; Kessler/Winkelhofer 1997, S. 10; Wischniewski 1993, S. 12).

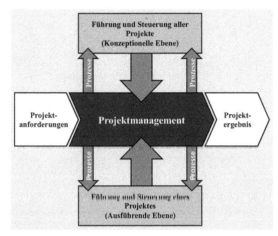

Abbildung 3 stellt die Struktur und den Ablauf des Projektmanagements dar. Dabei lässt sich das Projektmanagement in vier grundlegende Komponenten bzw. Teilbereiche fassen. Siehe dazu Tabelle 1. Die ersten beiden Punkte beziehen sich auf die „Ausführende Ebene" und die beiden Letzteren auf die „Konzeptionelle Ebene".

Abbildung 3: Aufbau des Projektmanagements[3]

1)	Problemlösung, Organisation und Steuerung von Arbeit und Gestaltung psychologischer Einflüsse, Aufbau- und Ablaufsteuerung
2)	Management der Projektinhalte und -ziele (Sachebene) Art und Weise des Vorgehens des Prozesses (Methodenebene) Interaktionen und Beziehungen (Personenebene), Planung, Steuerung und Kontrolle bezüglich der Zielkomponenten (Ergebnisse, Termine, Kosten,...)
3)	Gemeinsames Verständnis, organisatorische Bausteine, Zielsetzungs-, Weisungs-, und Entscheidungsbefugnisse
4)	Vorgehensrahmen, die Methoden und Instrumente beinhalten

Tabelle 1: Elemente des Projektmanagements[4]

3 Einführung des PRINCE 2-Frameworks

Der Suche nach Lösungsansätzen für die zu Anfangs beschriebenen Schwierigkeiten bei der Projektdurchführung haben sich früh unterschiedliche Institutionen verschrieben (vgl. Bergmann/Garrecht 2008, S. 210 f.). Eine dieser Institutionen ist die britische Regierung, die 1989

---

[3] Nach: Kessler/Winkelhofer 1997, S. 10f..

[4] Nach: Litke 2007, S. 21 ff.; Kessler/Winkelhofer 1997, S. 10 f..

Georg-August-Universität
Göttingen

Wirtschaftswissenschaftliche Fakultät
Institut für Wirtschaftsinformatik
Professur für Anwendungssysteme und E-Business
Prof. Dr. Matthias Schumann

mit PRINCE (Projects in Controlled Environments) ein Framework für IT-Projekte entwickeln ließ. Die aktuelle Version dieses Rahmenwerks ist heute das 2009 veröffentlichte PRINCE2:2009, welches von der OGC (Office of Government Commerce) gepflegt wird. Seit der Version 2 ist die generische Methode auch außerhalb des ursprünglichen Themenkomplexes von IT-Projekten einsetzbar (vgl. Hagen 2009, S. 67 f. und OGC 2011). Die Grundstruktur des Frameworks mit dessen drei Schichten stellt die Abbildung 4 dar. Das Konzept von PRINCE 2 beginnt zunächst mit allgemeinen Prinzipien des Projektmanagements, auf denen die einzelnen Komponenten bzw. die in PRINCE2:2009-Syntax genannten Themen aufsetzen. Die Prozesse im Inneren der Struktur beschreiben den dynamischen Teil und führen den Projektfortschritt voran. Umschlossen wird dieser Kontext durch die Projektumgebung, die jeweils für das einzelne Projekt Vorgaben beinhaltet bzw. Richtlinien vorschreibt und folglich die Art des Projektes sowie dessen grundlegende Ziele definiert (vgl. OGC 2009, S. 6).

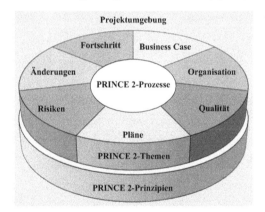

Abbildung 4: Schema PRINCE 2[5]

Im Unterschied zu der direkten Vorgängerversion sind einige Elemente im Aufbau verändert worden. So ist u. a. der Planungsprozess ausgegliedert und in das Thema Plan integriert worden. Analog dazu wurde auch das Änderungsmanagement und das Konfigurationsmanagement zu dem Thema Änderung zusammengefasst. Neben der Komplexitätsreduzierung und allgemeinen Vereinfachungen des Frameworks wurden zusätzlich einzelne Begriffe wie auch Inhalte im Zuge einer Vereinheitlichung aller OGC-Produkte abgeändert. Die Grundidee hin-

---

[5] Nach: OGC 2009, S. 6.

 Georg-August-Universität   Wirtschaftswissenschaftliche Fakultät
Göttingen   Institut für Wirtschaftsinformatik
Professur für Anwendungssysteme und E-Business
Prof. Dr. Matthias Schumann

ter der Methode bleibt jedoch nahezu identisch (vgl. Ebel 2011, S. 92 ff. und Digicomp 2009).

Anzumerken ist, dass sich die vorliegende Ausarbeitung dennoch ausschließlich auf die 2009er Version bezieht, auch wenn im weiteren Verlauf nicht explizit mit dem vollständigen Namen PRINCE2:2009 darauf hingewiesen wird. Die einzelnen Elemente von PRINCE 2, deren Definition und innerer Aufbau werden in den nachfolgenden Unterkapiteln näher spezifiziert.

3.1 Prinzipien

Das Fundament von PRINCE 2 bilden dessen Prinzipien, die im Vorfeld für jedes Projekt zu erfüllen sind. Diese sollen nicht Eins-zu-Eins durchgesetzt werden, sondern viel mehr als Grundeinstellung für das Projektmanagement dienen. Ohne Einhaltung dieser Basis an Verhaltensnormen kann das Vorhaben nicht als ein PRINCE 2-Projekt durchgeführt werden (vgl. OGC 2009, S. 11 und Siegelaub 2011, S. 1). Die sieben zugrundeliegenden Prinzipien innerhalb von PRINCE 2 sind in der Tabelle 2 aufgelistet.

•   **Fortlaufende geschäftliche Rechtfertigung (Continued business justification)**
•   **Lernen aus Erfahrungen (Learning from experience)**
•   **Definierte Rollen und Verantwortlichkeiten (Defined roles and responsibilities)**
•   **Steuern über Managementphasen (Managed by stages)**
•   **Führen nach dem Ausnahmeprinzip (Managed by exception)**
•   **Produktorientierung (Focuses on products and their quality)**
•   **Anpassung der Projektumgebung (Tailored to suit the particular product environment)**

Tabelle 2: PRINCE 2-Prinzipien[6]

Die Prinzipien basieren auf Ergebnissen aus erfolgreichen wie auch negativ verlaufenen Projekten und sind mithin als positives Praxisbeispiel zu sehen. Sie sollen den Beteiligten an einem Projekt helfen ein wesentliches Verständnis über die Durchführung eines Projektes zu erlangen, welches über den strikten Ablauf von einzelnen Prozessen hinaus geht (vgl. OGC 2009, S. 11). Es ist hervorzuheben, dass die aufgelisteten Prinzipien als Kern von PRINCE 2 nicht isoliert betrachtet werden können, sondern mit den in den nächsten Abschnitten erläuterten PRINCE 2-Themen sowie den PRINCE 2-Prozessen in Zusammenhang stehen (vgl. Ebel 2011, S. 62).

---

[6] Nach: OGC 2009, S. 11 ff.; Ebel 2011, S. 91.

3.2 Themen

Themen (ehemals auch Komponenten) bezeichnen in PRINCE 2 verschiedene Aspekte des Projekts, die kontinuierlich überwacht werden, wie etwa Qualität oder Risiko. Sie sind den Prozessen zugeordnet bzw. unterstützen Diese und beschreiben an jeder Stelle des Projekts wesentliche Voraussetzungen zur Gewährleistung des Projekterfolgs (vgl. OGC 2009, S. 17 f.). Gängig ist auch die Umschreibung als Wissensgebiete des Projektmanagements.

- Business Case (Business Case)
- Organisation (Organization)
- Plan (Plans)
- Risiko (Risk)
- Qualität (Quality)
- Änderung (Change)
- Fortschritt (Progress)

Tabelle 3: PRINCE 2-Themen[7]

Insgesamt definiert PRINCE 2 sieben ineinander verknüpfte Themen (vgl. Tabelle 3), die im Folgenden genauer erläutert werden sollen.

Der **Business Case** befasst sich mit der betriebswirtschaftlichen Motivation bzw. Rechtfertigung des Projekts. Ziel ist die Erstellung geeigneter Maßnahmen, mit denen die Realisierbarkeit und (wirtschaftliche) Attraktivität des Projekts beurteilt werden kann. Auf Grundlage dieser Beurteilung können dann zukünftige Investitionen geplant werden. Aus Unternehmenssicht begründet der Business-Case die wirtschaftliche Rechtfertigung des Projekts. Diese Rechtfertigung ist gegeben, wenn die erwarteten Vorzüge bei Projekterfolg, also z.B. eine erhöhte Leistung oder Reputation, Kosteneinsparungen in den Geschäftsprozessen oder rechtliche Vorteile, die erwarteten Kosten und Risiken überwiegen. Folglich sollte ein Projekt ohne eine solche Rechtfertigung nicht gestartet, bzw. geändert oder gestoppt werden. Dabei können Änderungen einzelner Projektparameter maßgeblich Einfluss auf die wirtschaftliche Rechtfertigung des Projekts nehmen, was die Notwendigkeit einer kontinuierlichen Prüfung verdeutlicht. Der Business Case, bzw. die Existenz eines solchen, kann somit als zentrale Kontrollbedingung für ein PRINCE 2-Projekt gesehen werden (vgl. Ebel 2011, S. 122).

Wesentliche Aufgabe im Thema Business Case ist die Quantifizierung von harten und weichen Faktoren, um die Rechtfertigung mit betriebswirtschaftlichen Methoden, etwa der Kapitalwertmethode, zu beweisen. Harte Faktoren sind dabei direkt messbar und müssen nur ggf.

---

[7] Nach: OGC 2009, S. 17; Ebel 2011, S. 119 f..

Georg-August-Universität
Göttingen

Wirtschaftswissenschaftliche Fakultät
Institut für Wirtschaftsinformatik
Professur für Anwendungssysteme und E-Business
Prof. Dr. Matthias Schumann

für die Betrachtung aggregiert oder aufbereitet werden (z.b. Umsatz oder Cashflow), während weiche Faktoren (z.b. Kundenzufriedenheit oder Reputation) zunächst messbar gemacht werden. Das Thema Business Case ist maßgeblich mit den Themen Organisation, Pläne, Risiko und Qualität verknüpft (vgl. Ebel 2011, S. 128).

Im Thema **Organisation** werden alle Rollen und Verantwortlichkeiten definiert, die im Rahmen des Projekts auszufüllen sind. Übergeordnetes Ziel ist es daher sicherzustellen, dass alle Verantwortlichkeiten abgedeckt werden und zugeordnet werden können. Dabei unterstellt PRINCE 2, dass die Projekte grundsätzlich in einer Kunden-Lieferanten-Beziehung ablaufen, wobei der Begriff Kunde die Interessen der späteren Anwender summiert und somit nicht zwingend auf einen externen Auftraggeber hindeuten muss. Die wichtigsten Rollen, die in jedem PRINCE 2-Projekt zu besetzen sind, sind Projektmanager und Lenkungsausschuss. Dabei bezeichnet der Lenkungsausschuss ein Gremium aus Auftraggeber, Benutzervertreter und Lieferantenvertreter, welche die jeweiligen Interessen vertreten. Darüber hinaus sind die Rollen der Projektunterstützung und der Projektsicherung sowie, optional bei komplexen Produkten, die Rolle des Teammanagers und des Änderungsausschusses zu vergeben. Den Zusammenhang zwischen den einzelnen Rollen verdeutlicht folgende Abbildung.

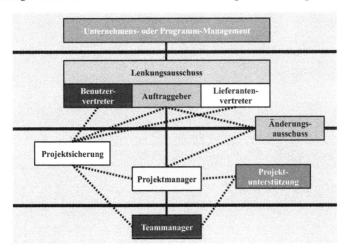

Abbildung 5: PRINCE 2-Managementebenen[8]

---

[8] Nach: Ebel 2011, S. 44.

9

Georg-August-Universität
Göttingen

Wirtschaftswissenschaftliche Fakultät
Institut für Wirtschaftsinformatik
Professur für Anwendungssysteme und E-Business
Prof. Dr. Matthias Schumann

Das *Unternehmensmanagement* ist selbst nicht Teil des Projektmanagements, liefert jedoch die wirtschaftlichen bzw. geschäftspolitischen Zielvorgaben für die einzelnen Projekte und kann somit als oberste Entscheidungsinstanz verstanden werden. Der *Lenkungsausschuss* repräsentiert mit Auftraggeber, Nutzern und Lieferanten die drei Interessengruppen an ein Projekt. Er ist das oberste beschlussfassende Organ der Projektorganisation und ist somit für die wichtigsten strategischen Projektentscheidungen verantwortlich. Der *Projektmanager* erhält vom Lenkungsausschuss oder Unternehmensmanagement zuzuweisende Befugnisse, mit denen er das operative Tagesgeschäft des Projekts leitet und koordiniert. Er ist verantwortlich für die Einhaltung der im Business Case definierten Projektanforderungen (Kosten, Zeit, Qualität usw.). Bei komplexen Projekten kann er Teile seiner Aufgaben an Teammanager und Projektunterstützung delegieren, bei kleineren Projekten nimmt er deren Aufgaben selbst wahr. Der *Teammanager* koordiniert und leitet ein spezielles Projektteam, sofern im fokalen Projekt Teams definiert wurden. Er ist für das Erstellen und Liefern der einzelnen Produkte seines Zuständigkeitsbereichs verantwortlich. Die *Projektsicherung* ist eine unabhängige, objektive Instanz, welche im Namen des Lenkungsausschusses die den Fortschritt und die Einhaltung der Projektanforderungen überwacht. Sie prüft somit die Arbeit und Berichte des Projektmanagers. Insbesondere in kleineren Projekten kann die Rolle auch durch den Lenkungsausschuss selbst ausgeführt werden. Die *Projektunterstützung* ist vor allem für die Bearbeitung von Verwaltungsarbeit (z.B. Protokollerstellung oder Dokumentationsverwaltung) in Großprojekten verantwortlich und soll den Projektmanager entlasten. Der *Änderungsausschuss* ist schließlich für die Prüfung und Genehmigung von Änderungsanträgen und Spezifikationsabweichungen zuständig. Die Aufgaben des Änderungsausschusses fallen daher in den Aufgabenbereich des Lenkungsausschusses, welcher diese bei Bedarf delegiert (vgl. OGC 2009, S. 44). Das Thema Organisation weist Verknüpfungen zu allen anderen Themen auf, da die einzelnen Rollen für die Ausführung der einzelnen Themen verantwortlich sind.

PRINCE 2 definiert **Pläne** auf unterschiedlichen Ebenen, von denen jeder einer bestimmten Zielgruppe (d.h. einer Organisationsrolle) die Informationen liefert, die zur Überwachung des Projektfortschritts benötigt werden. Dabei ist ein Plan als Dokument definiert, welcher Zeitpunkt und Verantwortlichkeit für die Erreichung von Projektzielen vorgibt. Pläne sind genehmigungspflichtig (vgl. Ebel 2011, S. 158).

Auf oberster Planungsebene dient der *Projektplan* vor allem dem Lenkungsausschuss zur Gewährleistung einer umfassenden Steuerung. Er liefert einen Überblick über die wichtigsten

10

Georg-August-Universität
Göttingen

Wirtschaftswissenschaftliche Fakultät
Institut für Wirtschaftsinformatik
Professur für Anwendungssysteme und E-Business
Prof. Dr. Matthias Schumann

Ziele und Aktivitäten über die gesamte Projektdauer und ist von PRINCE 2 verpflichtend vorgeschrieben. *Phasenpläne* werden vom Projektmanager am Ende einer Phase erstellt und liefern Zielvorgaben und Aktivitäten der nächsten Phase. *Teampläne* werden durch den Teammanager erstellt und dienen zur Orientierung der jeweiligen Mitarbeiter. Sie umfassen üblicherweise operative Zielsetzungen auf einem mittleren bis hohen Detaillierungsgrad. Das Thema Plan weist Verbindungen zu allen folgenden Themen auf, insbesondere jedoch zu den Themen Risiko und Qualität.

Ziel des Themas **Risiko** ist die Identifikation, Einschätzung und Steuerung von Unsicherheiten zur Erhöhung der Erfolgswahrscheinlichkeit des Projekts. Im Projektrahmen wird ein Risiko als unsicheres Ereignis definiert, welches im Eintrittsfall eine oder mehrere Zielsetzungen des Projekts negativ beeinflusst. Ziel des Themas Risikos ist es folglich die Risiken zu managen, d. h. das Projekt effektiv und wirtschaftlich in akzeptablen Grenzen zu halten. Das bedeutet, dass die Kosten des Risikomanagements und die Kosten durch Störfälle (also Eintritt eines unerwarteten Ereignisses) in Summe minimiert werden.

PRINCE 2 verfolgt einen proaktiven Ansatz zum Management von Risiken. Es existieren unterschiedliche Strategien, welche je nach Projektverwundbarkeit, also Anzahl möglicher Risiken und Grad des Einflusses auf die Zielerreichung, zum Einsatz kommen. Gemeinsam ist ihnen der dreistufige Aufbau des Risikomanagements. Die einzelnen Phasen sind die Risikoidentifikation, -bewertung und -steuerung. Da die einzelnen Projektrisiken bzw. deren Management in den Aufgabenbereich der verschiedenen Rollen der Projektorganisation fallen besteht insbesondere zwischen diesen beiden Themen eine starke Verbindung. Weiterhin haben auch Änderungen in der Projektspezifikation, Qualitätsvorgaben und die Projektplanung Einfluss auf die Risikosituation, sodass auch hier Abhängigkeiten bestehen.

Qualität bezieht sich in PRINCE 2 auf die Eigenschaften eines Produkts. Zur Sicherstellung einer hohen Qualität werden vier wesentliche Elemente des Themas definiert: Die *Qualitätsplanung* bestimmt notwendige Qualitätsziele des Projekts. Sie ist mit dem Thema Plan verbunden und wird üblicherweise durch den Lenkungsausschuss vorgegeben. Zusätzlich werden Funktionen und Verfahren definiert, mit denen die Qualität gemessen und gesteuert werden kann. Die tatsächliche Messung bzw. Steuerung der Qualität obliegt jedoch den Elementen *Qualitätssicherung und Qualitätssteuerung*. Das *Qualitätsmanagement* aggregiert und visualisiert schließlich die Informationen der vorangegangenen Elemente und macht sie so für höhere Managementebenen wie den Lenkungsausschuss nutzbar (vgl. OGC 2009, S. 54 ff.). Da

11

 Georg-August-Universität
Göttingen

Wirtschaftswissenschaftliche Fakultät
Institut für Wirtschaftsinformatik
Professur für Anwendungssysteme und E-Business
Prof. Dr. Matthias Schumann
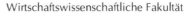

Qualität, bzw. deren Sicherstellung, in den Aufgabenbereich der verschiedenen Rollen des Projektmanagements fallen weist das Thema eine starke Interaktion zum Thema Organisation auf.

Änderungen in Spezifikation oder Umfang des Projekts können direkten Einfluss auf alle anderen Themen nehmen (z. B. Qualität oder wirtschaftliche Rechtfertigung). Es ist daher nötig solche Änderungen über den gesamten Projektverlauf zu steuern, um eine Gefährdung des Projekterfolgs auszuschließen. Weiterhin ist vor der Umsetzung eine genaue Prüfung und Genehmigung von Änderungsanträgen nötig. Dabei wird die zu prüfende Änderung mit dem aktuellen Zustand verglichen. Schließlich werden genehmigte Änderungen protokolliert und kommuniziert sowie neue und alte Projektversionen in einer Versionsverwaltung zugänglich gemacht. Dies ist Aufgabe des Konfigurationsmanagements, welches neben der Änderungssteuerung den zweiten großen Bereich des Themas Änderungen darstellt.

Das Thema **Fortschritt** prüft kontinuierlich den aktuellen Stand des Projekts und vergleicht ihn mit dem Stand nach Plan (Soll-Ist-Vergleich). Auf dieser Grundlage können Bewertungen vorgenommen werden, Prognosen erstellt werden und Maßnahmen im Falle von Planabweichungen entwickelt werden. Für jede der Projektanforderungen können Toleranzbereiche definiert werden, in denen eine Abweichung von den Zielwerten akzeptiert wird und keiner Gegenmaßnahmen bedarf. Verlässt eine Anforderung den Zielbereich wird der Lenkungsausschuss informiert. Zur Korrektur existieren eine Reihe von, meist qualitativen, Steuerungsmitteln für Lenkungsausschuss und Projektmanager (vgl. OGC 2009, S. 103 f.). Das Thema Fortschritt weist eine enge Verknüpfung zum Thema Änderung auf. Die Steuerungsmittel für unterschiedliche Managementstufen weisen desweiteren auf eine Verbindung zum Thema Organisation hin.

3.3 Prozesse und Phasen

Die Projektmanagementmethode PRINCE 2 besteht u. a. aus Prozessen und Phasen, wobei diese getrennt betrachtet werden und in einer Phase mehrere Prozesse enthalten sind. Für ein PRINCE 2-Projekt gilt, dass es mindestens aus zwei Phasen besteht. Es werden zwei Arten von Phasen unterschieden. Zum Einen die Managementphasen, in denen das Steuern einer Phase, das Managen der Produktlieferung und das Managen der Phasenübergänge implementiert werden. Es werden Entscheidungen in Bezug auf die Ressourcenverteilung getroffen, wie das Projekt zu lenken und wie die Verfügungsberechtigung der einzelnen Komponenten zu

gestalten ist. Zum Anderen werden die technischen Phasen definiert, in denen die Prozesse der Initiierung des Projekts bis hin zum Abschluss und Übergabe des Projektergebnisses enthalten sind. Gesteuert und geplant werden die Phasen von dem dafür bestimmten Organ (z. B. Teamleiter). Meist findet bei den technischen Phasen eine Überschneidung statt. Eine

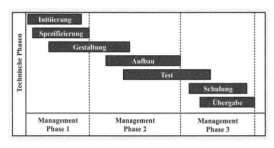

übersichtliche Darstellung ergibt sich in der nachfolgenden Abbildung 6. Eine Phase ist somit ein Projektabschnitt an deren Ende eine Entscheidung steht.[9]

Abbildung 6: Management und technische Phasen[10]

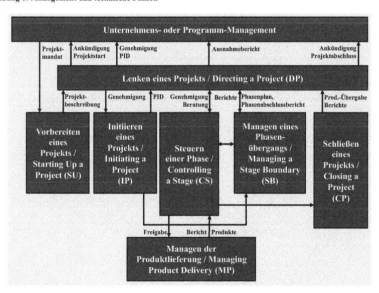

Abbildung 7: PRINCE 2-Prozessmodell[11]

---

[9] Eine Entscheidung ist u.a. auch während des Projektabschnitts möglich.

[10] Nach: Bradley 1997, S. 41.

[11] Nach: Ebel 2009, S. 102.

13

Georg-August-Universität   Wirtschaftswissenschaftliche Fakultät
Göttingen   Institut für Wirtschaftsinformatik
                        Professur für Anwendungssysteme und E-Business
                                Prof. Dr. Matthias Schumann

Als prozessorientierter Projektmanagementansatz definiert PRINCE 2 sieben Prozesse die in der Abbildung 7 dargestellt werden. Im weiteren Verlauf werden die einzelnen Prozesse näher erläutert. Die Anordnung der Prozesse unterliegt keiner Rangordnung oder einer zeitlichen Abfolge. Eine Synchronie und Diachronie ist somit gegeben.

Die Subprozesse der einzelnen Hauptprozesse sind in der aktuellen Version von PRINCE 2 nicht weiter enthalten. Hervorzuheben ist, dass nach PRINCE 2 sich die Prozesse nach den Phasen ausrichten und auf dem jeweiligen Kontext basieren. Somit kann sichergestellt werden, dass eine schlanke Struktur ohne Redundanzen bei der Durchführung eines Projekts beibehalten wird. (vgl. OGC 2009, S. 111 ff.)

Der **Vorbereitungsprozess** (Starting up a Projekt) ist als erster Prozess für die Anwendung von PRINCE 2 zu nennen. Hier findet eine Aufwandsschätzung[12] statt. Es wird die Sinnhaftigkeit des Projekts geprüft, ob eine ausreichende Basis an Daten, Informationen und Ressourcen zur Verfügung steht und ob das Projekt durchführbar ist. Eine Vorgehensweise für das Projekt wird festgelegt und ein möglicher Lenkungsausschuss aufgestellt (vgl. OGC 2009, S. 121 ff.; Balzert, 2009 S. 73 ff.).

Als zweiter Prozess wird der **Prozess der Lenkung** (Directing a Project) angeführt. Verantwortlichkeiten werden festgelegt in dem die Funktionen des Lenkungsausschusses zu definieren sind. Der Prozess erstreckt sich über die gesamte Dauer des Projekts. Am Ende der einzelnen Projektphasen trifft der Lenkungsausschuss Entscheidungen über deren Wertigkeit und Korrektheit und gibt somit die Fortführung des Projektes frei. Der Lenkungsprozess soll ein möglichst optimales Ergebnis des Projekts sicherstellen und basiert auf dem Prinzip des „Managements by Exeption". Die Initiierung des Projekts, die Genehmigung der einzelnen Phasenausführungen und die Formalisierung des Projektabschlusses werden ausschließlich vom Lenkungsausschuss und dem Unternehmens- / Programm-Management autorisiert. Als Basis dienen dem Lenkungsausschuss die regelmäßige Berichterstattung des Projektmanagers durch textuelle Berichtsform oder physische bzw. visuelle Meetings und Besprechungen (vgl. OGC 2009, S. 135 ff.).

---

[12] Bei der Aufwandsschätzung wird der Aufwand des Projekts ermittelt und die damit verbunden Kosten. Diese werden dem späteren Nutzen des Projekts gegenübergestellt. Endet ein solcher Vergleich positiv, so wird das Projekt durchgeführt. (vgl. Balzert 2009, S. 73 ff.)

 Georg-August-Universität
Göttingen

Wirtschaftswissenschaftliche Fakultät
Institut für Wirtschaftsinformatik
Professur für Anwendungssysteme und E-Business
Prof. Dr. Matthias Schumann

Der **Initiierungsprozess** (Initiating a Project) ist als dritter Prozess zu nennen. Hier werden die vorbereitenden Aktivitäten zusammengefasst um das Projekt auf einer soliden Basis aufzubauen. Bevor Ausgaben getätigt werden findet eine genaue Auflistung der benötigten Aufwendungen statt und es werden Gründe genannt warum das Projekt durchzuführen ist und welche Risiken damit verbunden sind. Es beginnt hier die eigentliche Projektphase. Die Organisation soll ein Verständnis dafür entwickeln, welche Aufgaben für das Projekt relevant sind. Projektmanagementprozesse werden installiert, das Projektteam erstellt und die Produkte bzw. Ergebnisse definiert. Hauptteil für die Durchführung dieses Prozesses ist die Beschreibung des Endprodukts bzw. des Project Initiation Documents (PID) welches vorab vom Lenkungsausschuss zu genehmigen ist (vgl. OGC 2009, S. 149 ff.).

Als vierter Prozess ist der **Steuerungsprozess einer Phase** (Controlling a Stage) aufzuführen. Hier wird sichergestellt, dass die eigentliche Arbeit umgesetzt wird. Es findet eine Überprüfung statt, einzelne Probleme werden berücksichtigt und bearbeitet, über den Fortschritt wird informiert und es werden mögliche Korrekturen im Ablauf des Projekts vorgenommen. Hervorzuheben ist, dass dieser Prozess Ausweitungen im Projekt vermeidet und sicherstellt, dass Projektmanager und Lenkungsausschuss zielorientiert operieren (vgl. OGC 2009 S. 167 ff.).

Im **Management der Produktlieferung** (Managing Product Delivery), werden Projektmanagement und Projektdurchführung voneinander abgegrenzt (vgl. Abbildung 8).

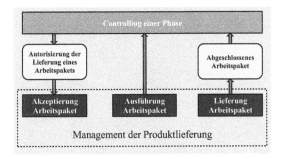

Abbildung 8: Management der Produktlieferung[13]

Die nach dem Lenkungsausschuss genehmigten Pläne werden umgesetzt, in dem eindeutig die Verantwortlichkeiten zugeordnet werden und eine konstante Kontrolle der Arbeit etabliert

---

[13] Nach: OGC 2009, S. 185.

Georg-August-Universität
Göttingen

Wirtschaftswissenschaftliche Fakultät
Institut für Wirtschaftsinformatik
Professur für Anwendungssysteme und E-Business
Prof. Dr. Matthias Schumann

wird. Dies dient desweiteren für die Akzeptanz des Produktes und dem Erfüllen der Qualitätsanforderungen. Produkte die hier geliefert oder erbracht werden, sind Dokumente oder Softwarelösungen die mit PRINCE 2 erstellt werden. Durch die Umsetzung von Regeln für die Verantwortlichkeiten, die Ausführung und die Auslieferung des Produkts wird durch diesen Prozess eine strukturierte Vorgehensweise sichergestellt (vgl. OGC 2009, S. 185 ff.).

Der vorletzte zu nennende Prozess ist das **Management der Phasenübergänge** (Managing a Stage Boundry). Eine klare Trennung der einzelnen Managementphasen wie in der oben dargestellten Abbildung 8 existiert in der Praxis nicht. Daher ist ein Management für die Aktivitäten bei den Übergängen der Phasen erforderlich. Das Managen der Phasenübergänge soll dem Lenkungsausschuss die erforderlichen Informationen zur Verfügung stellen, das diesen in die Lage versetzt, die aktuelle Phase zu Bewerten und die Planung für die nächste Phase anzupassen. Desweiteren bietet dieser Prozess dem Lenkungsausschuss eine Übersicht des Projekts und liefert Informationen für anliegende Entscheidungen, welche für die Weiterführung des Projekts signifikant sind. Es besteht die Möglichkeit, dass der Lenkungsausschuss das Projekt stoppt oder ein Ende einer Phase nicht autorisiert, so dass Änderungen umgesetzt werden müssen, um ein Scheitern des Projekts zu verhindern. (vgl. OGC 2009, S. 193 ff.)

In der aktuellen PRINCE 2-Version wird der **Projektabschlussprozess** (Closing a Project) als siebter und abschließender Prozess für die Umsetzung eines nach PRINCE 2 geführten Projekts dargelegt. Es werden die Aktivitäten beschrieben welche für einen geordneten Übergang hin zur Nutzung des Produkts anzuwenden und umzusetzen sind. Ein Projektabschlussbericht zum Produkt dient als Referenz für die Übereinstimmung mit dem zuvor geplanten PID (siehe Initiierungsprozess). Eine Abnahme des Projekts findet i. d. R. durch den Kunden bzw. durch den Nutzer des Produkts statt. Es werden Projektdokumente übergeben die einen Wissenstransfer ermöglichen sollen. Erfahrungsberichte, Basisdokumente für die Dokumentation des Projekts und andere Inhalte werden weitergeleitet, um den Kunden eine bestmögliche Nutzung des Produkts zu ermöglichen. Abschließend findet die Auflösung des Projekts statt und es werden Aspekte, die nicht vollständig abgearbeitet werden konnten („lose end" oder „follow on actions") übertragen. Der Projektabschlussprozess dient dem kontrollierten Beenden eines Projekts (vgl. OGC 2009, S. 205 ff.).

16

Georg-August-Universität   Wirtschaftswissenschaftliche Fakultät
Göttingen   Institut für Wirtschaftsinformatik
                            Professur für Anwendungssysteme und E-Business
                            Prof. Dr. Matthias Schumann

3.4 Projektumgebung

PRINCE 2 kann, wie bereits erwähnt, für die verschiedensten Projektarten genutzt werden. Die neueste Version des Frameworks fordert in diesem Zusammenhang, das geplante PRINCE 2-Projekt in die Projektumgebung einzupassen (Tailoring PRINCE 2). Dieser Zuschnitt des Frameworks an den gegebenen Kontext ist bedeutsam, da Projekte eine starke Heterogenität aufweisen in dessen Dimensionen (bspw. Komplexität, Organisation etc.) und dies Auswirkungen auf die Methoden und deren Ergebnisse hat. Eine einfache Übernahme von PRINCE 2 im unveränderten Zustand wird kaum zu einem effektiven Ergebnis führen. Die Gefahr besteht, dass sich das Projektmanagement lediglich aus einem stringenten Abarbeiten aller Schritte und Aufgaben des Rahmenwerks zusammensetzt. Die Anpassung bzw. das Customizing des generischen PRINCE 2-Frameworks erfordert infolgedessen eine Analyse über die Art des Einsatzes von PRINCE 2 während des Ablaufs des eigenen Projekts. Die Frage: „Wie soll die Methode angewendet werden?" steht im Vordergrund. Darauf folgt eine kritische Anwendung der Methode mit der Gewährung von Freiräumen (vgl. OGC 2009, S. 215 ff.; Siegelaub 2011, S. 5).

4 Kritische Analyse von PRINCE 2 in der Systementwicklung

Im vorliegenden Abschnitt wird die Vorgehensweise von PRINCE 2 als Rahmenwerk für das Management von Projekten innerhalb der Systementwicklung kritisch beurteilt. Darüber hinaus wird der Fokus erweitert und dabei andere am Markt verfügbare Konzepte neben PRINCE 2 in die Analyse mit einbezogen.

Das Einführungskapitel von PRINCE 2 zeigt dem Leser Gründe, warum Projekte scheitern, so wie zu Anfang der vorliegenden Ausarbeitung bereits dargestellt. PRINCE 2 soll diese Fehler bei der Projektdurchführung mit Hilfe der integrierten Methoden reduzieren, wenn nicht im besten Fall unterbinden (vgl. Wideman 2002, S. 1). Unklare Aufgabenstellungen oder Abnahmekriterien werden mit PRINCE 2 identifiziert sowie Verantwortungen und Rollen in einem Projekt strikt zugewiesen. Dies sind u. a. die Gründe für das Scheitern eines Projekts, welche auf diese Weise reduziert werden. Das Risikomanagement wird implementiert, so dass projektgefährdende Störfaktoren rechtzeitig zu erkennen sind. Der Projektfortschritt wird detailliert dokumentiert und verhindert, dass der Überblick für das Gesamtprojekt verloren geht. Es findet somit eine explizite Planung statt, die fehlende bzw. schlechte Kosten- und Zeit-

Georg-August-Universität
Göttingen

Wirtschaftswissenschaftliche Fakultät
Institut für Wirtschaftsinformatik
Professur für Anwendungssysteme und E-Business
Prof. Dr. Matthias Schumann

schätzung indisponiert. Durch die intensive Auseinandersetzung mit der Problematik des Projekts kann das Fehlen des Bezugspunkts zum Business-Cases vermieden werden.

PRINCE 2 wurde anfänglich für IT-Projekte konzipiert (vgl. Kapitel 3). Erst in den weiteren Versionen entstand das umfangreiche, generische Modell für verschiedene Arten von Projekten außerhalb von IT-Abteilungen. Dennoch ist es für die Systementwicklung prädestiniert. Genutzt wird es heute nicht nur für Projekte der britischen Regierung, sondern allgemein für IT-Projekte mit Änderungs- oder Innovationscharakter. Zunächst liegt die Stärke des PRINCE 2-Konzepts vor allem in dessen Robustheit und vergleichsweise einfachen Anwendung in den meisten Projektumgebungen (vgl. Wideman 2002, S. 9). Als Best Practice ist PRINCE 2 allgemein anerkannt und schafft eine einheitliche Basis in Verständnis und Sprache für das Management von Projekten unterschiedlicher Art (vgl. PRINCE2 Deutschland e. V.). Der Fokus von PRINCE 2 liegt auf dem Endprodukt – alle Beteiligten wissen somit, was das Projekt liefern wird, warum, wann und durch wen für wen es anzufertigen ist. Das Projektmanagement soll sich auf diese Weise von einer einfachen Terminierung der Projekte zu einer aktiven Umsetzung von Projekten mit Bezug zum Geschäftsziel verändern (vgl. OGC 2009, S. 7). Letztendlich ist PRINCE 2 auch in Hinblick auf den wachsenden Themenbereich der Qualität in Unternehmen konform mit dem ISO9001-Standard für Qualitätsmanagement und verschiedenen Reifegradmodellen wie dem CMM (Capabilty Maturity Model) zur Qualitätssicherung bei Softwareprozessen (vgl. Siegelaub 2011, S. 6).

PRINCE 2 weist jedoch abseits der beschriebenen Vorzüge Defizite auf, welche erst im Vergleich mit anderen Verfahren feststellbar sind. So haben sich neben PRINCE 2 international in erster Linie PMBoK (Project Management Body of Knowledge) und ICB (IPMA Competence Baseline) beim Thema Projektmanagement etabliert. Beide Ansätze sind vordergründig als Nachschlagewerke zu sehen und nicht wie PRINCE 2 als konkrete Sammlung von Methoden (vgl. Rother 2009). Wird die Marktsituation betrachtet, so ist PMBoK als Standard aus den USA auf dem internationalen Markt am weitesten verbreitet und kann als sog. Marktführer in diesem Bereich angesehen werden. PRINCE 2 liegt als britischer de-facto Standard in der Verbreitung hinter dem amerikanischen Konkurrenten, ist jedoch infolge des einfacheren Gesamtpakets grundsätzlich in der Anwendung preisgünstiger bzw. weniger aufwendig. Im Gegensatz zu den vorher genannten Ansätzen ist das ICB-Konzept außerhalb Europas geringer verbreitet. Dessen ungeachtet handelt es sich bei ICB im Vergleich um ein relativ ausgereiftes Rahmenwerk (vgl. Stadler 2006).

18

Georg-August-Universität
Göttingen

Wirtschaftswissenschaftliche Fakultät
Institut für Wirtschaftsinformatik
Professur für Anwendungssysteme und E-Business
Prof. Dr. Matthias Schumann

Zum Einen erhebt PRINCE 2 keinen Anspruch auf Vollständigkeit und konzentriert sich auf die Kernkomponenten des Projektmanagements, die sich in den Themen widerspiegeln. Zum Anderen setzt PRINCE 2 oft Aktivitäten voraus, ohne jedoch Methoden dafür anzubieten. So wird bspw. unterstellt, dass das Projekt auf Basis eines Vertrags durchgeführt wird im Sinne einer Lieferanten-Kunden-Beziehung innerhalb des eigenen Unternehmens (vgl. Siegelaub 2011, S. 1 und Wideman 2002, S. 3 ff. und Zarnekow et al. 2005, S. 10 f.).

Auf eine detailliertere Darstellung und die Auflistung der einzelnen Vor- und Nachteile der zwei zusätzlichen Ansätze wird im Weiteren nicht näher eingegangen[14]. Dennoch ist es notwendig darauf hinzuweisen, dass unabhängig von der Konkurrenzsituation im Markt, die simultane Anwendung mehrerer einzelner Verfahren innerhalb eines Projektes oft erfolgversprechende Ergebnisse hervorbringt. So sieht bspw. Siegelaub (2011, S. 6) PMBoK und PRINCE 2 letztendlich als Komplemente und empfiehlt die gemeinsame Anwendung, um die Vorteile beider Ansätze für das eigene Projektmanagement zu nutzen. Dabei wird vorgeschlagen mit dem Wissen aus dem PMBoK den Projektmanagementplan aufzustellen und nachfolgend mit PRINCE 2 den Projektstart vorzubereiten und die Methoden zu strukturieren. Da das Rahmenwerk von PMBoK weit tiefreichender ist, jedoch nicht so einfach und klar wie PRINCE 2, wird zudem empfohlen aus PRINCE 2 die grundlegenden Elemente und Methoden zu entnehmen und diese mit den ausführlichen Themenbereichen aus dem PMBoK-Werk zu ergänzen oder zu ersetzen. Auf diese Weise soll mit PRINCE 2 das Projektmanagement im Unternehmen erlernt und unter Zuhilfenahme von PMBoK die Defizite aufgedeckt und die Methoden vervollständigt werden.

Eine firmenindividuelle Anwendung von PRINCE 2 ist nicht negativ zu beurteilen. Sie trägt dazu bei, dass eine hohe Akzeptanz für die Nutzung dieser Projektmanagementmethoden entsteht, jedoch ist darauf zu achten, dass die gegebenen Regeln für PRINCE 2 nicht von jedem Projektmanager individuell interpretiert werden und so ein extrem heterogene Anwendungspraxis entsteht (vgl. Ebel 2011, S. 14).

---

[14] Für weitere Informationen zu PMBoK oder ICB wird u. a. auf die folgenden Internetpräsenzen der beiden zugehörigen Institutionen verwiesen: http://www.pmi.org bzw. http://www.ipma.ch.

5 Fazit und Ausblick

Im Rahmen dieser Arbeit wurde die Motivation für das Managen von Projekten mit Hilfe von strukturierten Projektmanagementansätzen dargelegt. Als Referenzbeispiel dient in diesem Fall das PRINCE 2-Framework. Bei dem generischen Modell ist hervorzuheben, dass es flexibel an die Anforderungen eines Projekts angepasst werden kann. Es besteht ein ständiger Bezug zum Geschäft und durch die Anwendung von „management by exception" wird unnötige Routine vermieden und so die Zeit effizient genutzt.

Es lässt sich festhalten, dass die Projektmanagementmethode PRINCE 2 signifikante Vorteile für die Projektentwicklung aufweist und das Potenzial besitzt zukünftig eine ausnehmende Rolle in Bezug auf die Projetentwicklung zu spielen. Drei wesentliche Gründe sprechen dafür, dass PRINCE 2 auch in der Zukunft Verwendung findet und sich als eine Art Standard für die Projektentwicklung etabliert. Erstens existiert mit der Britischen Regierung und der OGC eine vertrauenswürdige Institution. Ein Missbrauch bei der Weiterentwicklung ist damit unwahrscheinlich. Zweitens ist eine kritische Masse in Bezug auf die Marktpräsenz bereits erreicht. In mehr als 50 Ländern wird PRINCE 2 genutzt um Projekte zu managen und eine einheitliche Zertifizierung findet in zehn Sprachen statt. Der Ansatz zeichnet sich drittens durch seine Beständigkeit und durch seine ständige Verbesserung aus, welches letztendlich in der 2009er Version von PRINCE 2 endete, ohne die Grundprinzipien der Methode aufzugeben (vgl. Ebel 2011, S. 14).

Abschließend ist jedoch anzumerken, dass bei der Erstellung dieser Arbeit, die sich mit der Problematik von PRINCE 2 auseinander setzt, nur unzureichend wissenschaftliche Literatur zu dieser Thematik anzufinden ist. Oft fehlt es den Darstellungen an der Objektivität und dies lässt den Schluss zu, dass in diesem Bereich massiver Forschungsbedarf besteht. Die Quellen sind somit kritisch betrachtet, da die herausgebenden Institutionen massiv von dem Erfolg von PRINCE 2 abhängen und ohne diese Methode eine Daseinsberechtigung nicht weiter gewährleistet ist. Die Projektmanagementmethode kann den Erfolg eines Projekts nicht garantieren, jedoch kann durch systematische Planung und Vorbereitung verhindert werden, dass ein Projekt an simplen Planungs- und Organisationsfehlern scheitert. Diese Methode stellt eine verständliche Vorgehensweise bereit in der die Beteiligten ihre Aufgaben und Verantwortungen kennen und stellt sicher, dass die zu liefernden Produkte und Dokumente bekannt sind.

Georg-August-Universität   Wirtschaftswissenschaftliche Fakultät
Göttingen   Institut für Wirtschaftsinformatik
                        Professur für Anwendungssysteme und E-Business
                                    Prof. Dr. Matthias Schumann

Literaturverzeichnis

(Balzert 2009)   Balzert, H.: Lehrbuch Der Softwaretechnik: Basiskon-
                           zepte Und Requirements Engineering, 3. Auflage, Hei-
                           delberg 2009.

(Bergmann/Garrecht 2008)   Bergmann, R; Garrecht, M.: Organisation und Projekt-
                           management, Heidelberg 2008.

(Digicomp 2009)   O. V.: Prince2: 2009 – Was ändert sich?.
                           http://www.digicomp.ch/news/4194. 2009-09-14, Abruf
                           am 2011-03-13.

(Ebel 2011)   Ebel, N.: PRINCE2:2009 – für Projektmanagement mit
                           Methode: Grundlagenwissen und Zertifizierungsvorberei-
                           tung für die PRINCE:2009-Foundation-Prüfung, Mün-
                           chen 2011.

(Fittkau, Ruf 2008)   Fittkau, T.; Ruf, W.: Ganzheitliches IT-
                           Projektmanagement, München 2008.

(Hagen 2009)   Hagen, S.: Projektmanagement in der öffentlichen Ver-
                           waltung: Spezifika, Problemfelder, Zukunftspotenziale,
                           Wiesbaden 2009.

(Jenny 1997)   Jenny,B.: Projektmanagement in der Wirtschaftsinforma-
                           tik, 2. Auflage, Zürich 1997.

(Keßler/Winkelhofer 1997) Kessler, H.; Winkelhofer, G.: Projektmanagement – Leit-
                           faden zur Steuerung, Berlin 1997.

(Krienke 2009)   Krienke, N.: Klassifizierung von Projekten: Unterschiede
                           in der Durchführung und Ausgestaltung des Projektma-
                           nagements, Norderstedt 2009.

21

Georg-August-Universität
Göttingen

Wirtschaftswissenschaftliche Fakultät
Institut für Wirtschaftsinformatik
Professur für Anwendungssysteme und E-Business
Prof. Dr. Matthias Schumann

(Litke 2007)   Litke, H.-D.: Projektmanagement – Methoden, Techni-
                            ken, Verhaltensweisen, 5. Auflage, München 2007.

(OGC 2009)   Great Britain / Office of Government Commerce: Ma-
                            naging successful projects with PRINCE2, 5. Auflage,
                            London 2009.

(OGC 2011)   Great Britain / Office of Government Commerce:
                            PRINCE2.
                            http://www.ogc.gov.uk/methods_prince_2.asp, 2011-03-
                            10, Abruf am 2011-03-10.

(PRINCE 2 Deutschland e. V.)   O. V.: PRINCE 2. http://www.prince2-
                            deutschland.de/de_2.html, 2011-03-10, Abruf am 2011-
                            03-10.

(Rinza 1985)   Rinza P.: Projektmanagement, Planung, Überwachung
                            und Steuerung von technischen und nichttechnischen
                            Vorhaben, Düsseldorf 1985.

(Rother 2009)   Rother, M.: Prince2 und die Konkurrenten.
                            http://www.computerwoche.de/management/it-
                            strategie/1902404/,
                            2009-08-04, Abruf am 2011-03-06.

(Schökerböck; Hickl 2008)   Schökerböck, M; Hickl, M.: Management of Modern Art,
                            Wien 2008.

(Schröder 1970)   Schröder, H.: Projektmanagement, Wiesbaden 1970.

(Siegelaub 2011)   Siegelaub, J. M.: How PRINCE2 Can Complement
                            PMBOK and Your PMP.
                            http://www.prince-officialsite.com/nmsruntime/
                            saveasdialog.aspx?lID=900&sID=277,
                            2011-03-01, Abruf am 2011-03-01.

(Stadler 2006)   Stadler, R.: Projekt-Management von der Stange.
                        http://www.computerwoche.de/management/it-
                        strategie/580645/index2.html,
                        2006-08-29, Abruf am 2011-03-06.

(Standish Group 2008)   O. V.: Standish Group: Chaos Report.
                        http://standishgroup.com/quarterly_reports/, 2008, Abruf
                        am 2011-03-11.

(Streitz 2004)   Streitz, S.: IT-Projekte retten, Risiken beherrschen und
                        Schieflagen beseitigen, München 2004.

(Wallmüller 2004)   Wallmüller, E.: Risikomanagement für IT- und Software-
                        Projekte – Ein Leitfaden für die Umsetzung in der Praxis,
                        München 2004.

(Wideman 2002)   Wideman, R. M.: Comparing PRINCE2 with PMBoK.
                        http://www.maxwideman.com/papers/comparing/compar
                        ing.pdf,
                        2002-11-1, Abruf am 2011-03-01.

(Wischniewski 1993)   Wischnewski, E.: Modernes Projektmanagement, 4. Auf-
                        lage, Braunschweig 1993.

(Zarnekow et al. 2005) Zarnekow, R.; Brenner, W.; Pilgram, U.: Integriertes
                        Informationsmanagement: Strategien und Lösungen für
                        das Management von IT-Dienstleistungen, Berlin 2005.

(Zielasek 1999)   Zielasek, G.: Projektmanagement als Führungskonzept –
                        Erfolgreich durch Aktivierung, Berlin 1999.

www.ingramcontent.com/pod-product-compliance
Lightning Source LLC
La Vergne TN
LVHW092353060326
832902LV00008B/1005